Dedication

I dedicate this to my future self and all the freedom fighters around the world.
Power to the People

ISBN
©COPYRIGHT

WOndrLnD [won·der·land]

Noun

1. a place that excites admiration or wonder.
2. a land or place full of wonderful things.

eNjoY

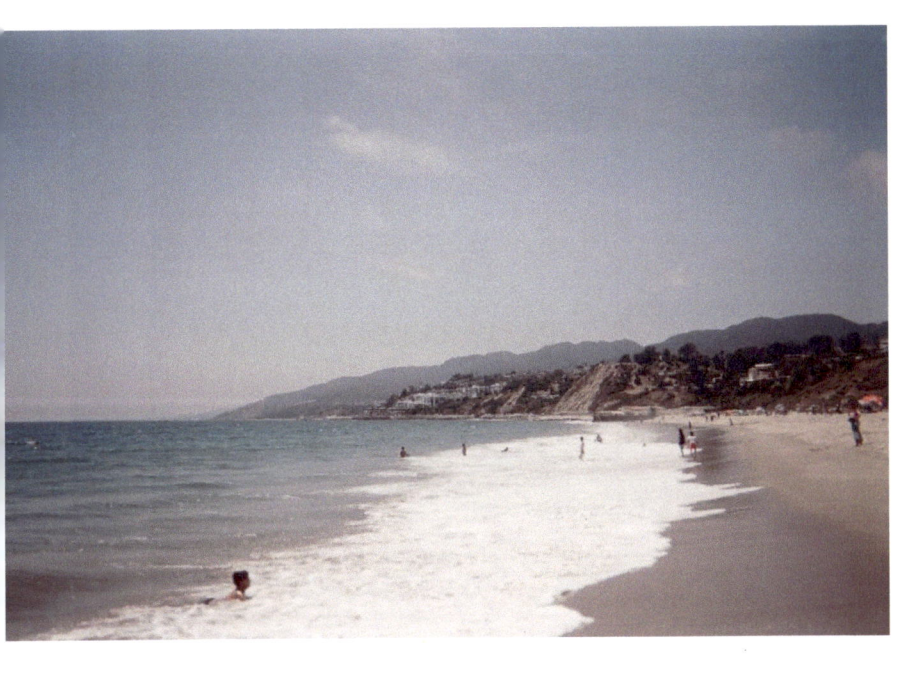

Minolta SRT 200
Lomography C 100
Santa Monica, CA

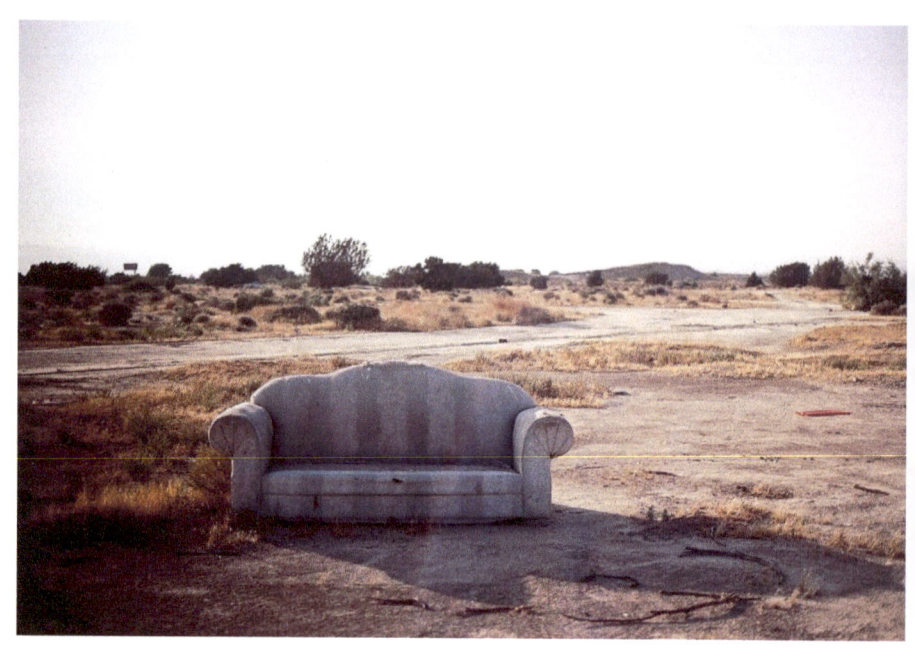

Minolta SRT 200
Lomography C 100
Lancaster, Ca

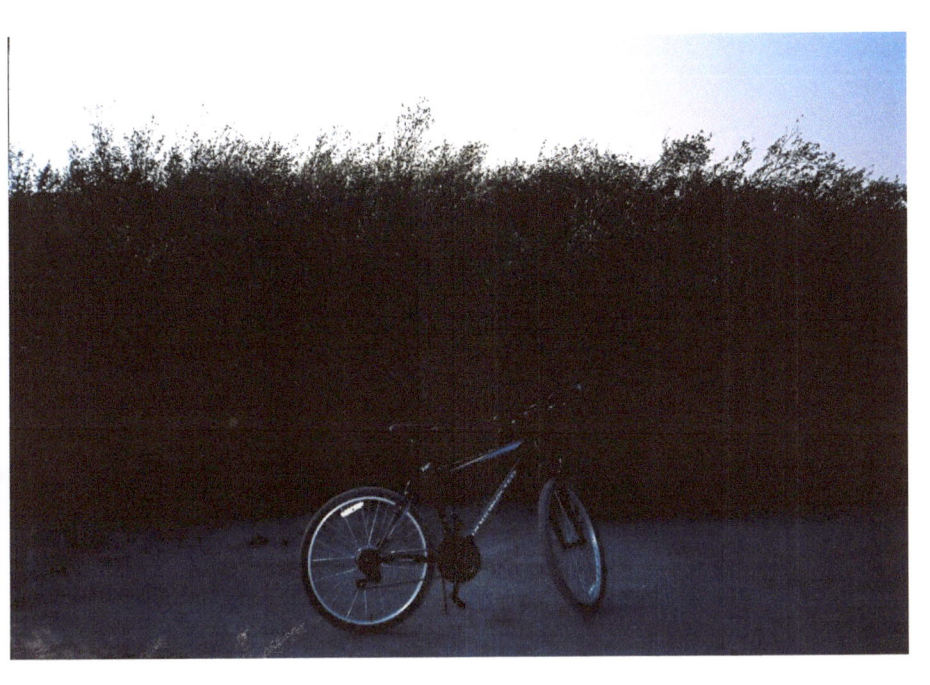

Chinon 35F
Kodak Ektar 100
Lancaster, CA

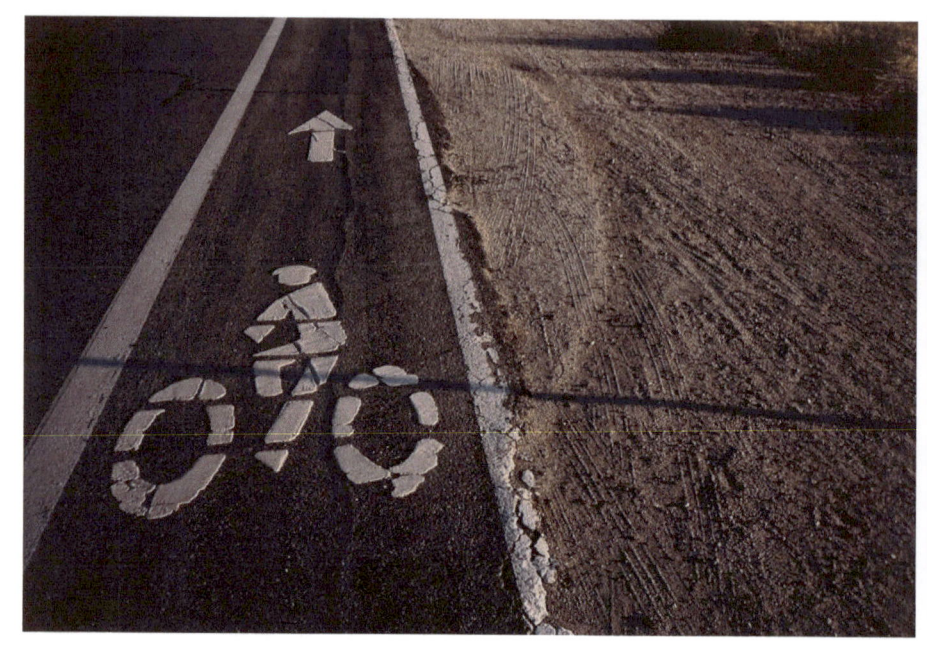

Chinon 35F
Kodak Ektar 100
Lancaster, C

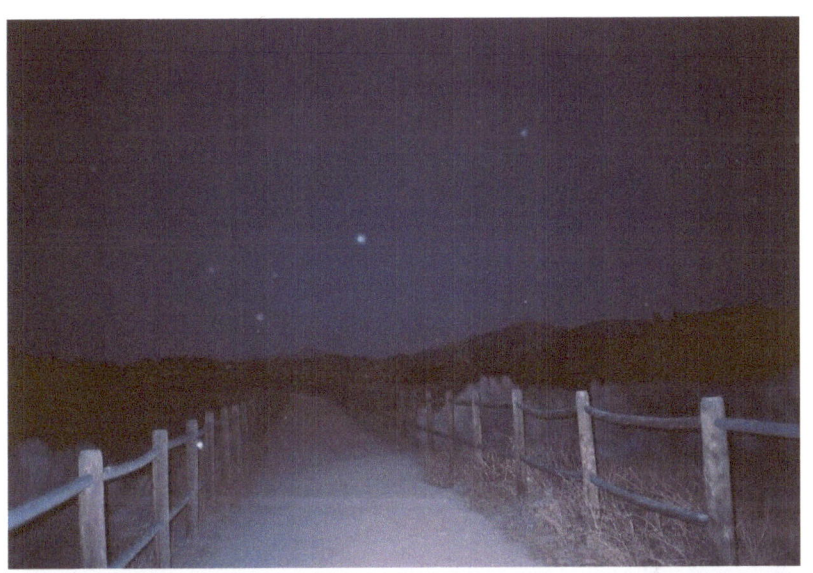

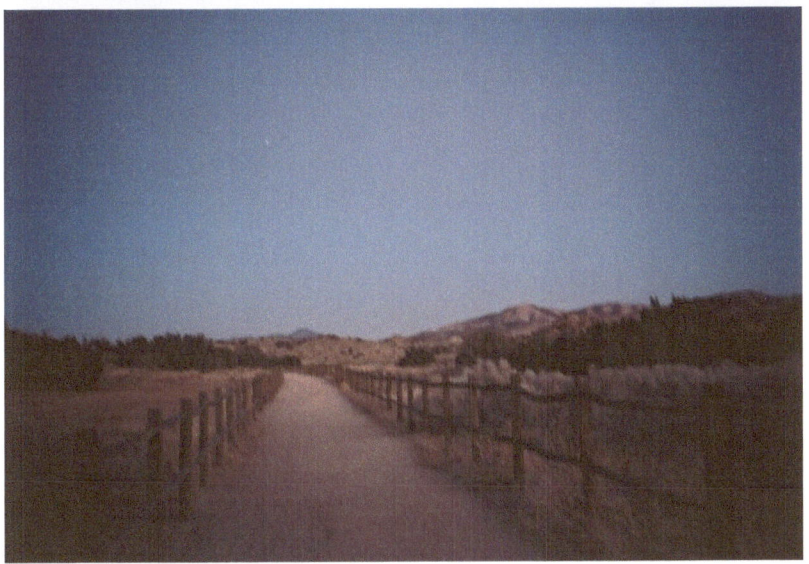

Chinon 35F
Kodak Ektar 100
Palmdale, CA

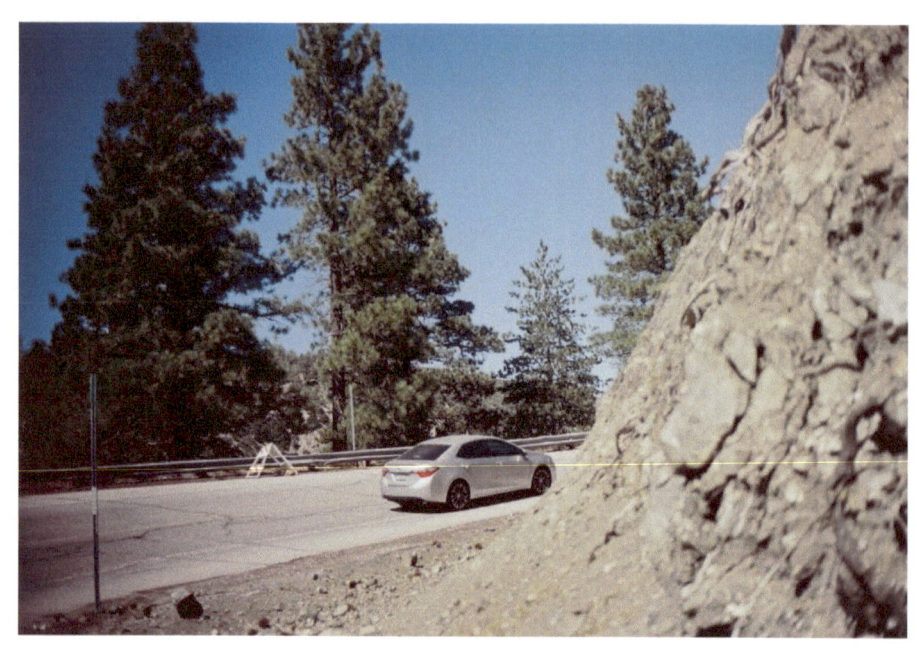

Minolta SRT 200
Lomography C 100
Wrightwood, Ca

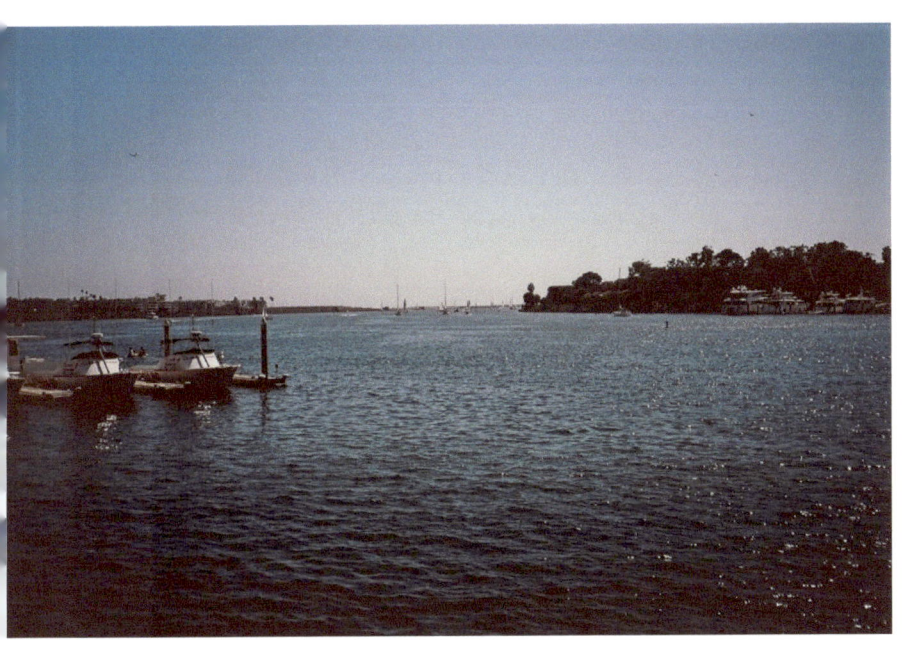

Chinon 35F
Kodak Ektar 100
Playa Del Rey, CA

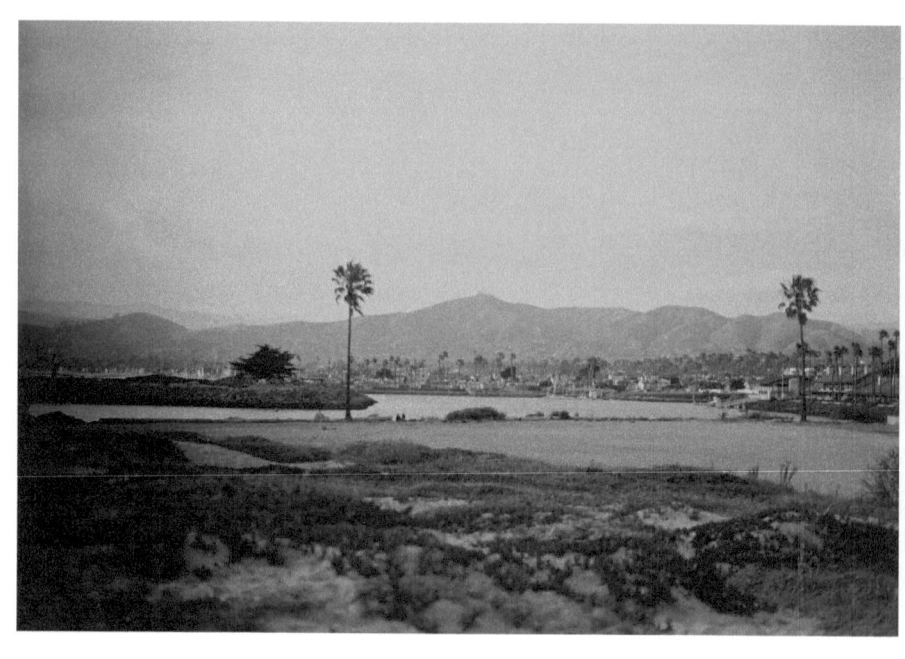

Minolta SRT 200
Lomography C 100
Ventura, ca

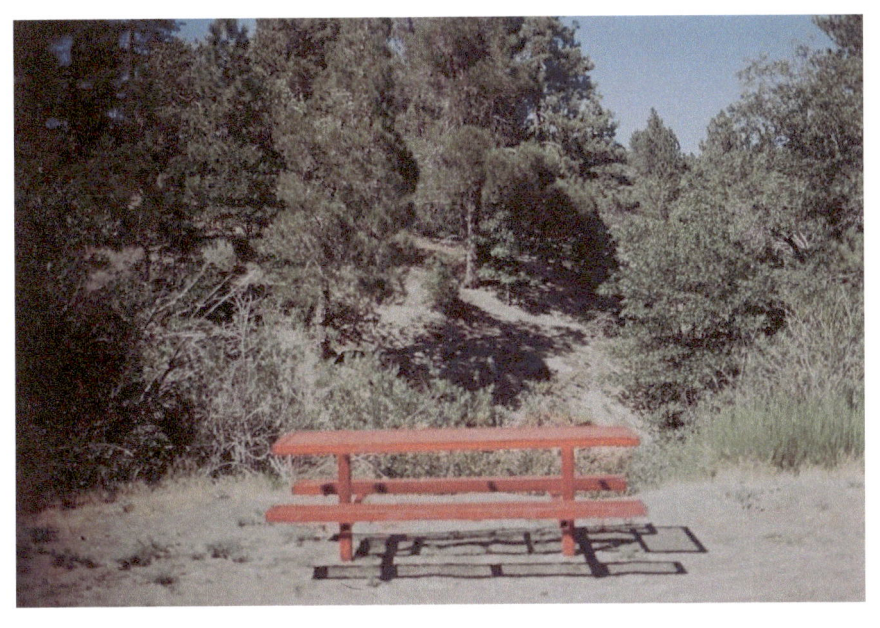

Chinon 35F
Kodak Ektar 100
Wrightwood, CA

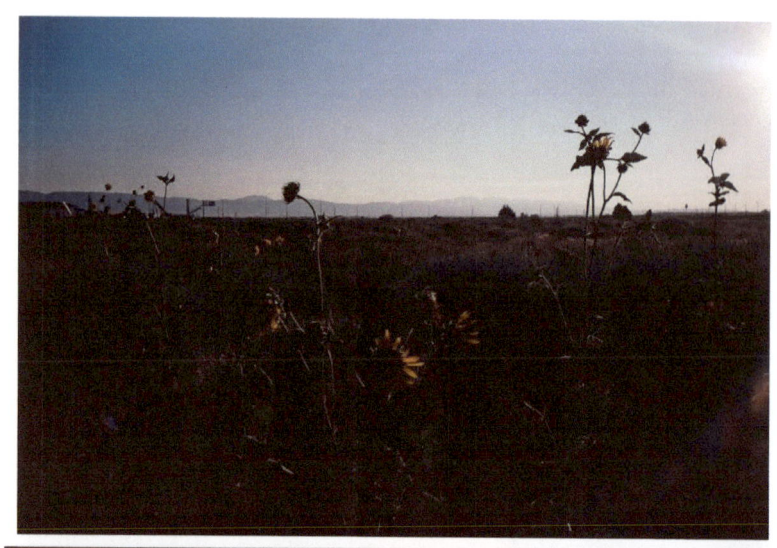

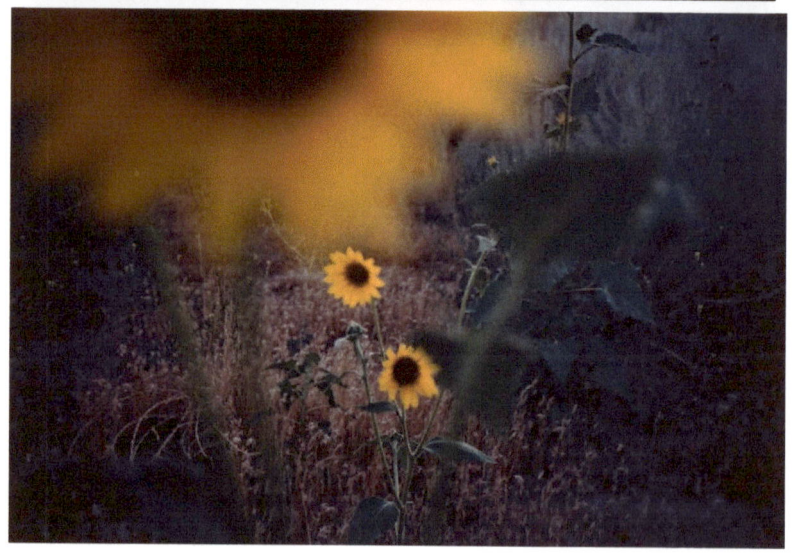

**Chinon 35F
Kodak Ektar 100
Lancaster, Ca**

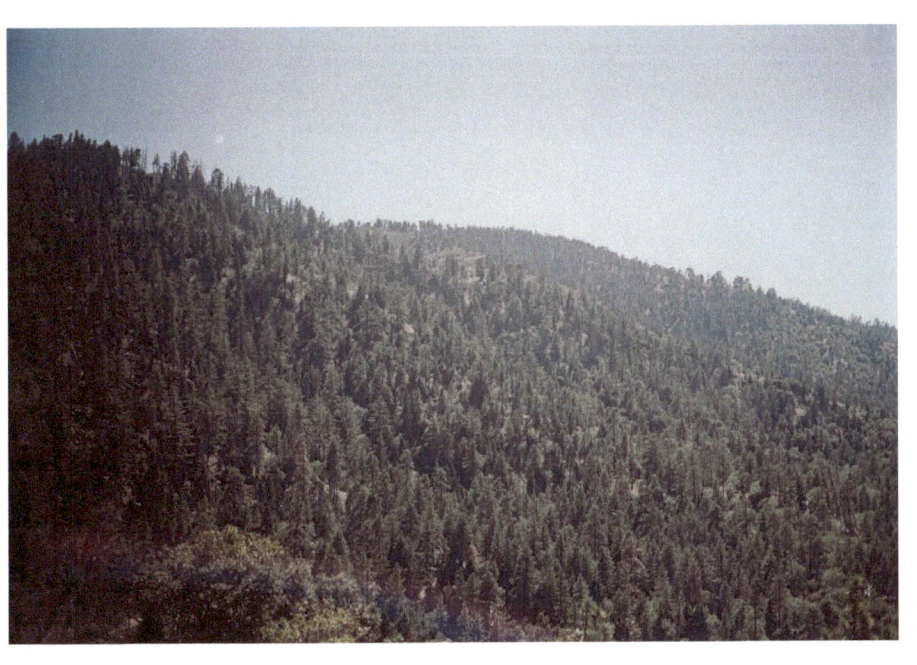

Minolta SRT 200
Lomography C 100
Wrightwood, CA

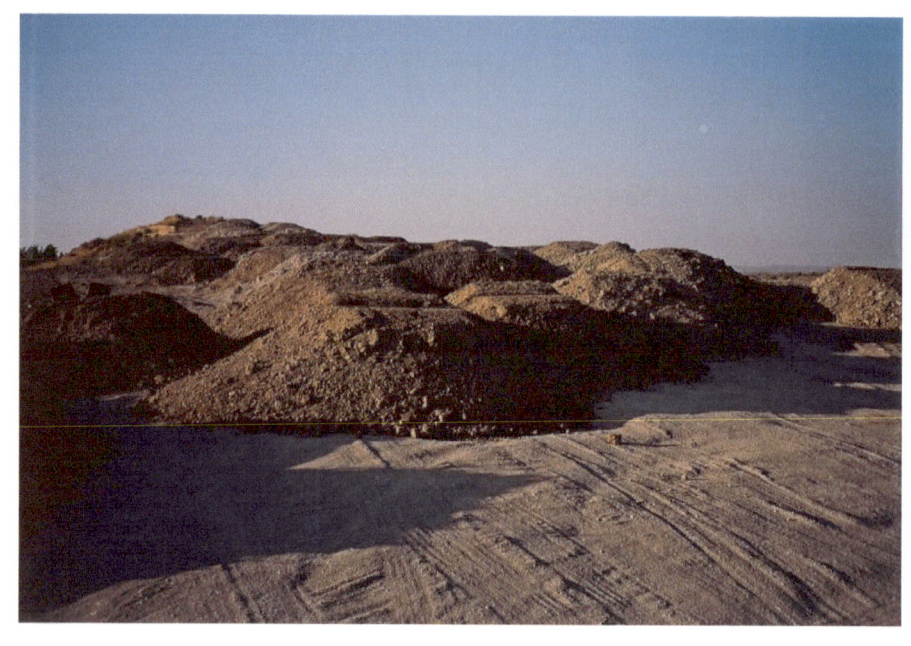

Chinon 35F
Kodak Ektar 100
Lancaster, CA

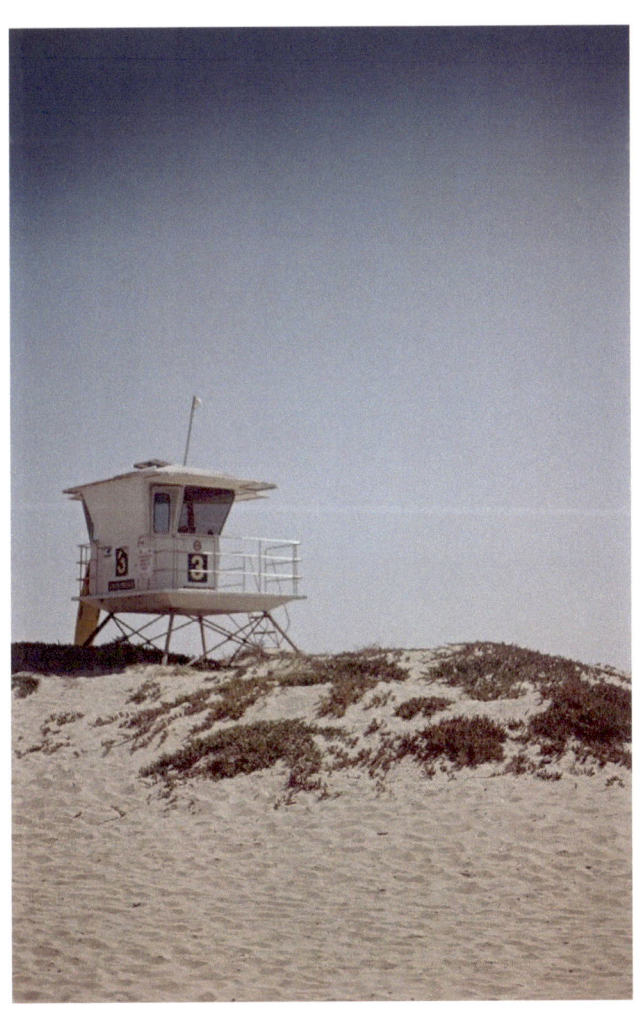

Minolta SRT 200
Lomography C 100
Playa Del Rey, Ca

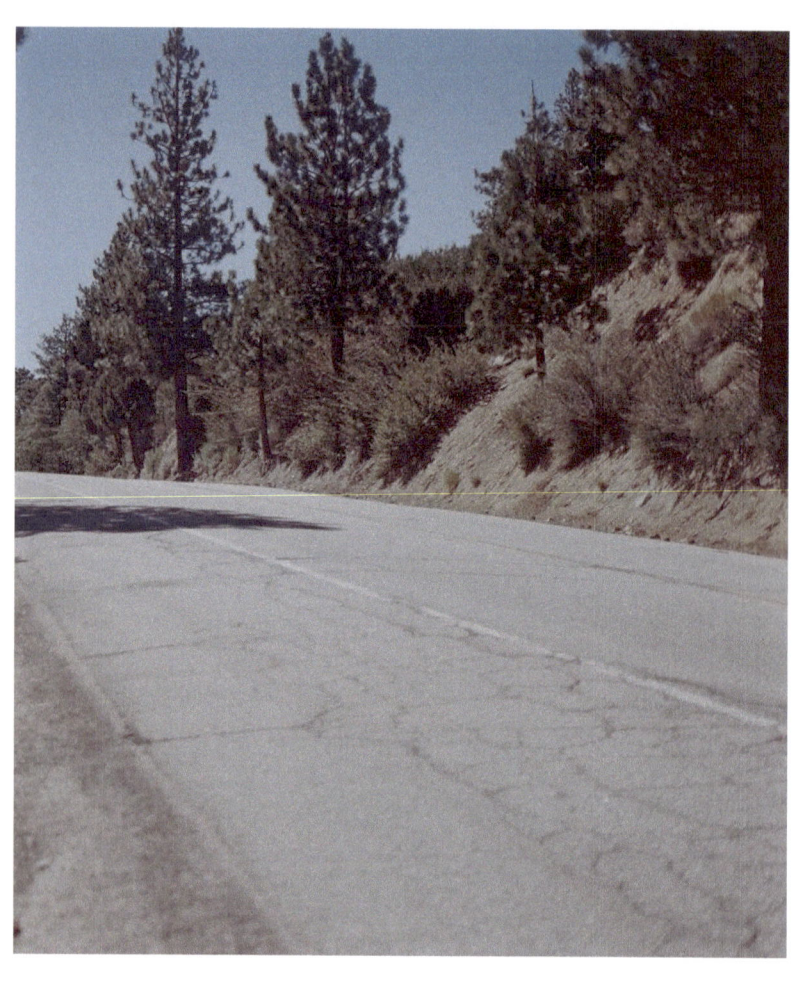

Minolta SRT 200
Lomography C 100
Wrightwood, Ca

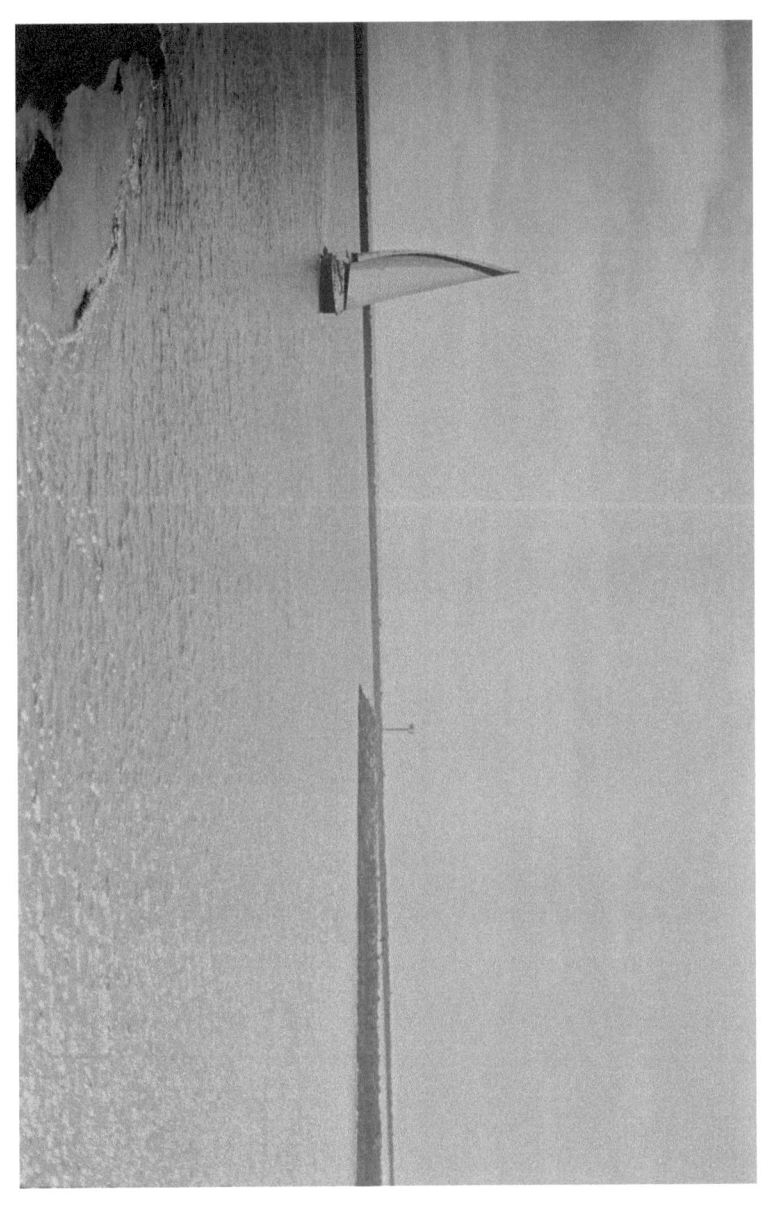

Minolta SRT 200
Lomography C 100
Venice, CA

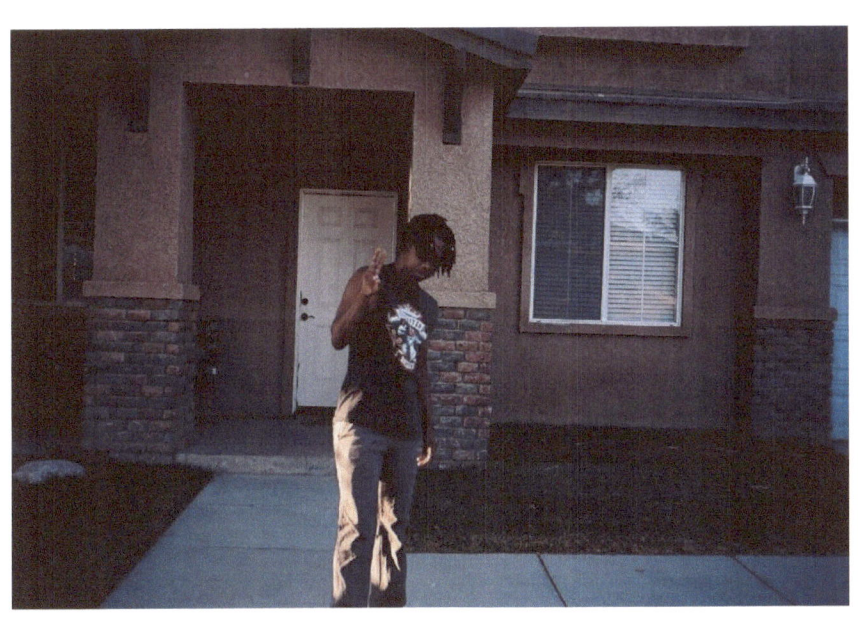

 @hijoshhh 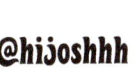 @hijoshhh 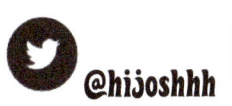 @diccityart

www.ingramcontent.com/pod-product-compliance
Lightning Source LLC
Chambersburg PA
CBHW040308220526
45473CB00002B/606